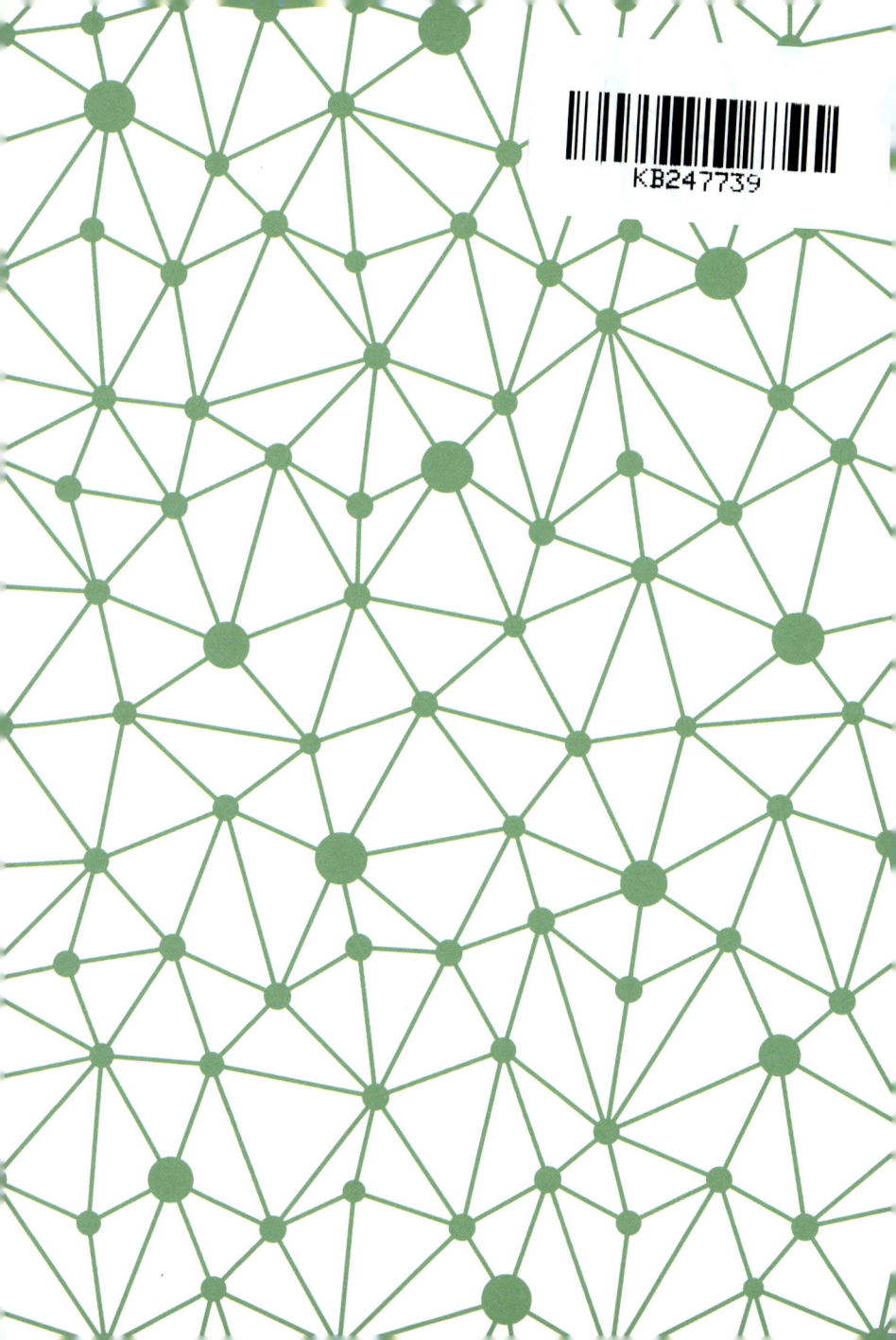

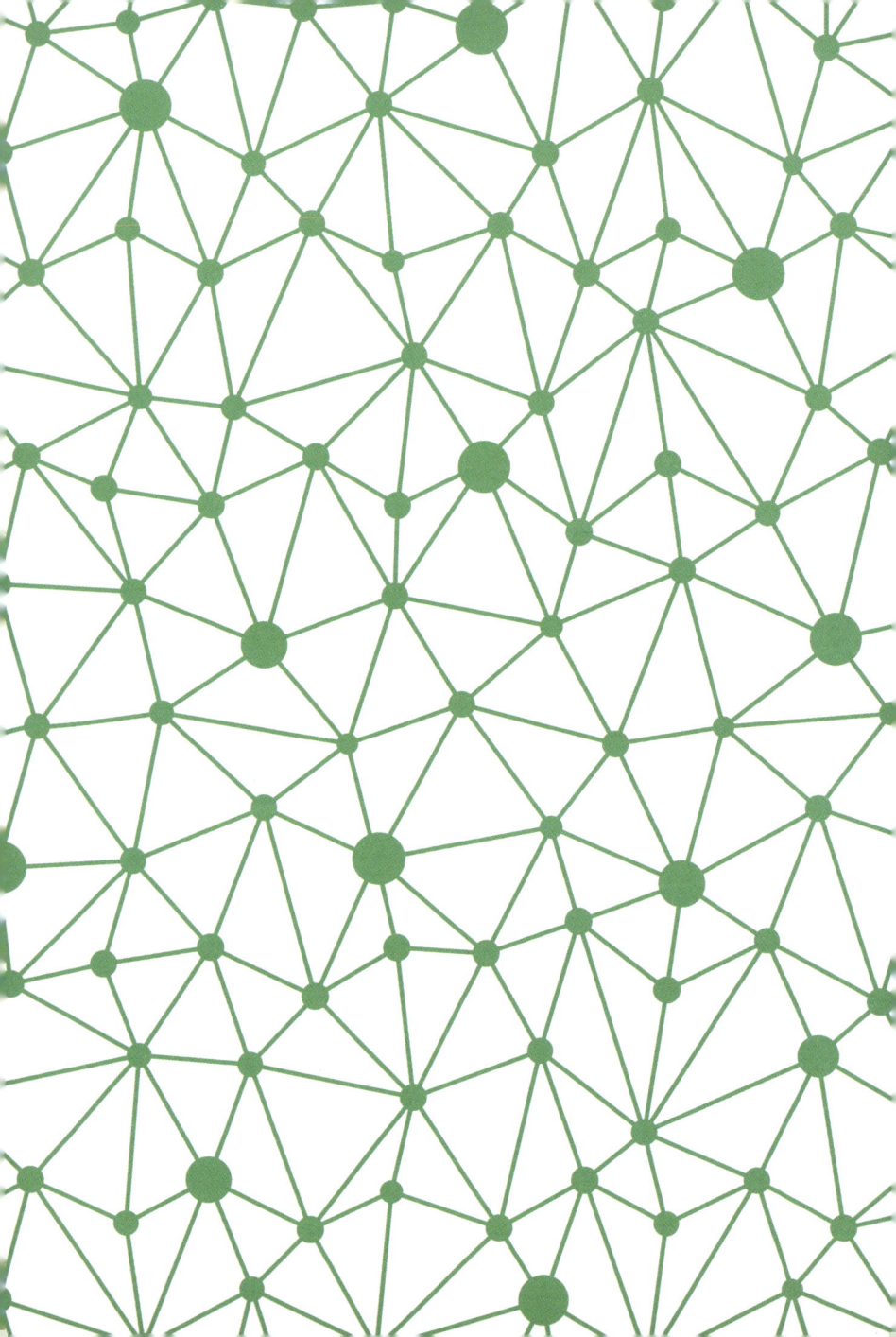

우리는 왜 상상을 할까?

한 입 크기 철학 **12**

우리는 왜 상상을 할까?

초판 인쇄 2025년 10월 15일
초판 발행 2025년 10월 20일

지은이 오렐리앙 로베르
그린이 티보 라사
옮긴이 이현
감　수 김석
펴낸이 조승식
펴낸곳 돌배나무
공급처 북스힐
등록 제2019-000003호
주소 01043 서울시 강북구 한천로 153길 17
인스타그램 @bookshill_official
블로그 blog.naver.com/booksgogo
이메일 bookshill@bookshill.co
전화 (02)994-0071

정가 9,000원
ISBN 979-11-90855-49-5

＊잘못된 책은 구입하신 서점에서 바꿔 드립니다.

MAIS QU'EST-CE QUE TU T'IMAGINES ?

Aurélien Robert & Thibaut Rassat

오렐리앙 로베르 & 티보 라사

우리는 왜
상상을 할까?

추천사

철학은 꼬리를 무는 질문으로 삶의 의미를 찾는
여행의 나침반

건국대 철학과 김석

〈한 입 크기 철학〉 시리즈의 새로운 네 권이 우리말로 번역되어 한국 독자들과 만나게 되었다. 네 편의 글은 우리가 살면서 한 번쯤 고민해 봤지만 쉽게 답하기 어려운 딜레마를 다루고 있다. 이는 우리가 일상에서 자주 마주하는 현상이나 문제들, 그리고 논쟁적이면서도 명쾌하게 답하기 어려운 주제에 대한 탐색이 곧 철학의 사명임을 보여 준다.

철학은 지혜를 선사하거나 명쾌한 해답을 제시하는 학문이 아니다. 그래서 철학의 본질은 이론이 아닌 질문 자체이다. 이 시리즈는 일상생활에서 당연하게 받아들이는 문제를 깊이 있게 파고들면서 되돌아보게 한다. 그렇게 다양한 질문을 던지고 성찰하는 과정을 통해, 삶을 맹목적으로 좇기보다는 그 의미를 더 깊이 이해하고 우리를 둘러싼 세계의 복잡성을 깨달을 수 있도록 돕는다. 이론이 아닌 질문 자체가 본질인 철학의 성격을 보여 주며 진정한 '철학하기'의 필요성을 일깨우는 것이다.

한국은 이미 물질적 풍요, 선진화된 사회 인프라, 세계화의 흐름 속에서 새로운 문화와 유행을 선도하는 'K-열풍'을 통해 문화 역량 면에서도 세계적으로 주목받는 국가가 되었다. 하지만 그에 걸맞게 삶의 질이 과거보다 나아졌다고 말하기는 어렵다. 2024년 한 외국인 유튜버가 일부러 한국을 찾아 보도한 바와 같이 한국은 우울과 불안, 자살 등의 문제로 정신적으로 팍팍하고 스트레스가 많은 나라로 인식되고 있다. 실제로 우리 경제 지표는 세계 10위권에 속하지만, 삶의 만족도는 거의 최하위이며 자살률과 사회 갈등 지수도 매우 높은 수준이다.

왜 선진화된 국가로서의 외형적 척도와 삶의 만족도 사이에 이토록 큰 괴리가 생겨나는 것일까? 여러 원인이 있겠지만 그중 하나는 삶의 의미와 목적, 정체성과 욕망, 공동체에 대해 어릴 때부터 질문을 던지며 성장하지 못해 생긴 몸과 마음의 불균형에 있다. 지나치게 물질적 부와 성장을 중시하고, 서열화를 당연시하며 경쟁을 정당화하는 가치관을 주입해 온 획일적인 교육 역시 중요한 원인으로 지적할 수 있다.

이러한 경쟁적 환경 속에서 낙오한 사람들은 스스로를 '루저loser'로 여겨 자존감을 깎아내리고, 상위권에 속한 이들은 뒤처지지 않기 위해 끝없는 경쟁에 스스로를 몰아넣는

다. 그리하여 한국 사회는 문자 그대로 '피로 사회'가 되었다. 이탈리아 철학자 프랑코 베라르디는 《죽음의 스펙터클》에서 한국 사회의 특징으로 "끝없는 경쟁, 극단적 개인주의, 일상의 사막화, 생활 리듬의 초가속화"를 꼽은 바 있다.

이제는 경제적으로 어느 정도 여유를 누리는 시점에서 인문학에 대한 관심도 조금씩 늘고 있지만, 여전히 우리 청소년들은 가장 고되고 삭막한 입시 환경 속에서 친구들을 밟고서라도 '좋은 대학의 유망한 학과'에 진학하기 위해 청춘을 바친다. 대학에 들어가면 또 좋은 직장과 사회적 지위를 얻기 위해 스펙을 쌓으며 다시 새로운 경쟁이 펼쳐진다. 이런 환경 속에서 '나는 누구인가'라는 질문을 시작으로 한 자기 성찰과 철학적 탐색은 뒷전으로 밀려나고, 생존 경쟁에 내몰린 청년들은 자신을 고가의 상품처럼 계발하며 소모시키고 있다. 이러한 일상이 '사막화된 삶'이라면 우리는 그 속에서 행복과 사랑, 공동체와 같은 삶의 본래 가치를 잃어버린 채 살아가고 있는 셈이다.

〈한 입 크기 철학 시리즈〉는 우리가 한 번쯤 생각하고 토론해 봤을 법한 여러 문제들을 진지하면서도 쉽게 따라갈 수 있게 풀어낸다. 과거 소개된 대표적 질문들로는 '우리 삶의 의미는 무엇인가?', '세계는 어디로 가는가?', '타자와 어떻게 공존할 것인가?', '진짜 나는 누구인가?' 등이 있다. 각각의 책에서는 이처럼 흥미롭고 민감한 문제를 다루며, 철학이 우리의 삶과 직결된 실질적인 질문들을 다루는 학문임을 다시금 일깨워 준다.

번역자인 이현은 건국대학교 철학과에서 필자의 지도 아래 프랑스 현대 사상가 자크 라캉의 《욕망의 윤리》에 대한 석사 논문을 썼으며, 현재 프랑스에서 박사 과정을 밟고 있는 유망한 연구자이다. 이번 번역서는 그의 첫 출간물로, 철학적 내용은 충실하면서도 부담 없이 읽을 수 있는 적절한 분량의 소책자이다.

아무쪼록 코로나 팬데믹 이후 세계정세와 국가 간 경쟁이 더욱 치열해지고 이에 따라 개인들의 삶도 점점 무거워지고 있는 지금, 잠시 철학적 사유에 몰두해 보는 일이 삶을 돌아보고 새롭게 하는 데 큰 도움이 되기를 바란다. 홀로코스트 생존자이자 《죽음의 수용소에서》의 저자 빅터 프랭클 Victor Frankl은 인간의 불행과 정신적 고통은 삶의 의미를 찾지 못하기 때문이라고 보았고, 그 경험을 바탕으로 삶의 목적과 가치를 발견하는 로고테라피 Logotherapy를 창시했다. 이 책이 지친 일상 속 '사막' 같은 현실에 오아시스처럼 다가와 우리를 잠시 쉬게 하고, 삶의 방향을 점검할 수 있게 돕는 나침

반이 되기를 소망한다.

《우리는 왜 상상을 할까?》는 인간의 상상력이 어떤 가능성과 문제를 동시에 제기하는지 고찰하는 책이다.

인간은 상상하는 동물이다. 상상은 시공간을 초월하여 생각을 무한히 확장시키는 능력이며, 인간의 가능성과 발전 역시 상상 덕분에 이루어졌다. 과거 영화 속 장면들이 오늘날 과학 기술에 의해 점점 현실이 되어 가는 모습만 보아도 이를 알 수 있다.

하지만 상상은 지극히 주관적인 성격을 지니고 있기에, 때로 현실의 경계를 넘어 우리를 기만하거나 망상적인 세계로 이끌기도 한다. 우리는 상상과 현실을 구분하며 참과 거짓을 가리려 애쓰지만 "상상과 현실을 구분하려 하면 할수록 이 둘은 더 많이 뒤섞이고, 현실 자체가 부분적으로 상상에 기반하고 있다는 사실을 깨닫게 된다." 이것이 상상이 지닌 딜레마이자 핵심적인 논쟁점이다.

따라서 상상을 무조건 경계할 것이 아니라 아리스토텔레스가 말했듯이 지식의 조건으로 삼을 수도 있으며, 반대로 플라톤의 신념처럼 엄밀한 진리를 추구하기 위해 일정한 경계와 통제를 모색할 수도 있다. 상상은 지식을 왜곡하거나 우리를 오도할 수 있지만, 동시에 자유롭고 창의적인 영감을 제공한다. 인간은 상상력의 안내와 도움을 받아 추상적인 지식에 생동감을 부여하고, 비유와 은유를 통해 무한한 진리 탐구의 길로 나아갈 수 있다.

그뿐만 아니라 상상은 인간의 욕망에 활력을 불어넣고, 사랑의 감정에 무지갯빛 환상을 더해 줌으로써 낭만적인 관계를 가능하게 하며, 삶 속에서 윤활유 역할을 하기도 한다. 프로이트가 지적했듯, 인간의 삶에는 언제나 욕망의 좌절과 억압이 존재하기에 상상은 필요불가결한 것이다. 사랑하는 사람에게 환상이나 주관적 기대가 전혀 없다면, 그 관계가 과연 깊어질 수 있을까? 때로는 그 때문에 관계가 깨지기도 하지만, 우정과 사랑에는 어느 정도의 낭만성과 '콩깍지(환상)'가 필요하다.

이 책에서 저자는 인간이 누리는 예술과 문화, 행복, 사랑, 도덕 등이 모두 상상의 힘 덕분에 가능하다고 말하며 상상의 지평을 확장시킨다. 결국 핵심은 상상력이 '무용한가' 혹은 '여전히 필요한가'를 따지는 것이 아니라, 상상이 인간 존재의 본질임을 이해하는 것이다. 그리고 상상의 힘과 영향이 이토록 크다면, 그것을 현실과의 관계 속에서 잘 활용하여 우리 삶의 동력으로 삼는 지혜가 더욱 요구될 것이다.

상상은 우리를 현실로부터
멀어 지게 하는가?

우리는 끊임없이 상상한다. 우리 눈에 보이지 않는 친구들이 어떤 일을 하고 있을지, 역사 선생님이 설명해 주는 위인들의 특징은 무엇인지, 심지어 앞으로 만들고 싶은 세상이 어떤지도. 우리는 상상력을 통해 현재 혹은 과거의 모습뿐만 아니라, 앞으로 일어날 수도 있거나 우리가 만들고 싶은 삶의 모습까지도 가능하게 할 수 있다.

이처럼 우리의 현재 상태로부터 벗어날 수 있게 하는 상상력은 매우 긍정적인 힘처럼 보인다. 예를 들어 코로나 19로 인해 자유가 일부 제한되었을 때 많은 사람들은 상상의 나래를 펼치며 다가올 세상에 대해 새로운 계획을 세우거나 영화, 게임, 소설, 만화와 같은 작품에 몰입하는 등등 상상력을 통해 현실로부터 탈출할 필요성을 느꼈다.

그런데 어느 날 스스로에게 "도대체 무슨 상상을 하고 있는 거지?"라고 되물어 보지 않은 사람이 있을까? 당신이 서로 호감이 있다고 생각했던 사람에게 사랑한다고 고백했을 때, 상대방은 "도대체 무슨 생각을 하는 거야?"라고 대답할지도 모른다. 가족 식사 중에 당신이 우주비행사가 되겠다고 말했을 때, 그 자리의 누군가는 "도대체 넌 무슨 생각을 하는 거야?"라고 말하면서 당신의 야망을 재빨리 무너뜨릴지도 모른다. 당신이 미래에 인간은 자유롭고 평등한 권리를 가질 것이라고 말했을 때, 그에 대한 대답은 "도대체 무슨 상상을 하는 거야?"일지도 모른다. 다시 말해, 상상의 나래를 펼칠 때 당신은 현실과 동떨어져 있으면서 자기 자신의 기호에 맞는 현실을 상상했을 것이다.

우리는 "지금 도대체 뭘 믿고 있는 거야?" 또는 "꿈이라도 꾸는 거야?"라는 말을 쉽게 들을 수 있다. 마치 상상력이 신념, 의견 또는 단순한 백일몽 외에는 아무것도 형성할 수 없는 것처럼 말이다. 17세기 철학자 파스칼Pascal이 "오류와 거짓의 주인이며 (중략) 항상 그렇지 않아 보인다는 점에서 더욱 교활하다"고 표현할 정도로 상상력은 우리를 속인다.

상상력이 우리에게 이미지의 형태로 보여 주는 것이 실제로 존재하는지, 또는 상상력이 만들어 낸 생각이 실제로 사실인지 항상 알 수 있는 것은 아니라는 점이 문제이다. 하지만 가끔은 들어맞을 때도 있다. 영화에서 자주 보거나 들어 온 뉴욕의 모습을 상상하고 실제로 맨해튼에 도착했을 때, 상상했던 이미지에 너무 충실하다면 생각보다 놀랍지 않을 수 있다. 상상이 완전히 틀린 것은 또 아니다. 레오나

르도 다빈치Leonardo da Vinci가 미래의 발명품을 상상한 후 이를 실현할 수 있는 기술적 가능성을 발견했을 때, 비록 상상 속 물체가 아직 존재하지 않더라도 그의 과학적 상상력은 맞았다.

하지만 상상력은 때때로 우리를 둘러싼 현실과는 전혀 무관한 또 다른 세계로 데려가기도 한다. VR 헤드셋을 착용하고 어두운 방이나 공상 과학 소설에 빠져들면 잠시 동안 이미지가 유일한 현실이 되어 바깥세상을 잊게 된다.

상상력의 장점과 단점, 강점과 약점이 무엇이든 상상력이 가진 힘에서 벗어나기는 쉽지 않다. 상상과 현실을 구분하려고 노력하면 할수록 이 둘은 더 많이 뒤섞이고, 현실 자체가 부분적으로 상상에 기반하고 있다는 사실을 깨닫게 된다.

상상력이 세상을
이해하기 위해 필요한가?

오감에서 비롯된 이미지가 사고에 기생하여 추상적 관념과 진리에 대한 접근을 막는다고 여기는 플라톤Platon과 달리, 아리스토텔레스Aristoteles에게 이미지 없는 사고는 존재하지 않는다. 아무리 추상적인 생각이라도 주의를 기울여 보면 항상 이미지가 동반되거나, 적어도 그 생각 자체가 이미지에서 파생된 것이기 때문이다.

아리스토텔레스는 감각과 상상력을 지식의 필수 불가결한 조건으로 삼았다. 상상력이 지적이고 추상적 사고와 다른 점은 그 이미지가 구체적이라는 점이다. 우리는 항상 삼각형, 유니콘, 친구 등을 상상한다. 반면 삼각형의 정의, 즉 '각도의 합이 180°인 세 변을 가지는 도형'이라는 정의 덕분에 우리는 일반적으로 삼각형의 개념이나 관념에 대해 지적

이고 추상적인 생각을 할 수 있다.

상상력(그리스어로 판타지, 환상, 환상적인의 어원이 된 판타시아phantasia)은 '이미지를 만들어 내는 능력으로, 이를 통해 참과 거짓의 판단을 내리는 능력'이라고 할 수 있다. 다시 말해, 모든 사고의 근원이 되는 이미지는 참도 거짓도 아니기 때문에 존재하지 않는 대상을 포함해 무엇이든 상상할 수 있다. 유니콘을 상상하는 것은 거짓을 말하거나 생각하는 것이 아니다. 그러나 유니콘이 실제로 존재하지 않기 때문에 '유니콘이 존재한다'고 말하는 것은 거짓이다.

상상력은 때때로 그럴듯하지만 실제로 존재하지 않는 사물을 떠올리게 만든다. 프랑스의 과학철학자 가스통 바슐라르Gaston Bachelard는 《공기와 꿈》에서 상상력을 '지각이 제공하는 이미지를 왜곡하는 능력'이라고 정의한다. 그는 상상력이 창의적인 과정에서 중요한 역할을 한다는 것을 인정하지만, 상상력이 과학적 지식에 방해가 될 수 있다고 본다. 상상력은 감각이 제공하는 데이터의 순서나 가장 엄격한 사고의 규칙을 따르지 않는 자유로운 연상을 통해 작동하는 경우가 많기 때문이다. 따라서 상상력은 그 원재료인 감각적 이미지와 그 결과물인 상상 사이의 중간 지점에 있다.

이 탓에 상상은 장애 혹은 속임수처럼 보이기도 하지만,

상상만이 엿볼 수 있는 창조적 가능성이 열린 위대한 자유의 공간으로 여겨지기도 한다. 가스통 바슐라르에 따르면 **"인간의 정신에서 상상은 바로 무언가가 열리는 경험, 매우 새로운 것의 체험"**이다. 우리는 인터넷이나 스마트폰을 기술적으로 생각하기 전에 먼저 상상해야 했다. 이러한 창조적 상상력의 자유로움은 때때로 세상을 과학적으로 설명할 때 맹점이 되기도 한다. 그럼에도 불구하고 상상력은 과학으로만 구성되지 않은 나머지 부분에 있어서는 가장 큰 힘이 되기도 한다.

상상이 백일몽이나
환영과 다른 점은 무엇인가?

현실과 상상을 구분할 수 있을까? 결국 꿈도 때로는 익숙한 현실에 가깝기도 하고, 때로는 특정 악몽처럼 현실과 거리가 먼 이미지로 구성되지 않는가? 상상과 꿈 사이에 단절이 없을 수도 있다. 무언가를 상상하고 있었는데 이것이 점차 백일몽이나 심지어 실제 수면으로 이어질 수도 있다.

아무리 현실적인 꿈을 꾸더라도 깨어나면 꿈을 꾸고 있

었다는 사실을 알 수 있다. 하지만 크리스토퍼 놀란Christopher Nolan 감독의 영화 〈인셉션〉의 등장인물처럼 꿈속에서 꿈을 꾸고 실제로는 깨어나지 않는 것처럼, 우리가 항상 꿈을 꾸고 있지는 않다는 것을 어떻게 확신할 수 있을까? 영화 〈매트릭스〉에서처럼 우리가 끊임없이 이미지가 주입되는 통 속의 뇌가 아니라는 것을 어떻게 확신할 수 있을까?

데카르트는 《제1철학에 관한 성찰》에서 우리를 둘러싼 현실을 어디까지 의심할 수 있는지 탐구한다. 데카르트에 따르면, 우리는 꿈을 영원히 꾸지는 않는다. 왜냐하면 같은 날 밤이나 다음 날 밤 사이에는 일관성의 부재에 의해 꿈과 현실은 항상 구별이 가능하기 때문이다. 그래서 우리는 더더욱 무엇이 꿈이고 현실인지 구별할 수 있다. 깨어난 후, 우리가 실제 삶에 대해 말할 수 있는 것과 꿈에서 겪은 것에 대해 말할 수 있는 것의 차이 때문에 우리는 꿈을 꾸었다는 사실을 알게 된다. 강렬한 상상이나 깊은 꿈을 겪고 나면 백일몽이나 밤에 꾸는 꿈과는 다른 현실로의 복귀를 경험한다.

이 현상을 설명하기 위해 프랑스의 철학자이자 문학가인 장 폴 사르트르Jean-Paul Sartre는 꿈을 "외부에서 조금이라도 바라보는 것이 불가능한 (중략) 닫힌 상상"이라고 설명한다. 즉 우리는 우리 삶에 대해 이야기할 수 있는 건 꿈이 모순되는지 스스로에게 의문을 제기할 수 없다. 우리는 꿈이 상상이라는 것을 깨닫기 위해 깨어날 때까지 기다려야 한다. 우리가 깨어나 있는 상태에서 무언가를 상상하고 있다는 것을 인식 할 때는 상황이 다르다. 이 경우 상상은 현실과 여전히 대면 할 수 있다는 의미에서 '개방적'이며, 상상을 구성하는 이미지가 현실이 아니라 이미지라는 사실을 이해할 수 있다.

사르트르에 따르면, 꿈을 제외하면 이미지는 항상 사진처럼 사물을 표현하는 방식으로 존재한다. 우리가 스마트폰으로 사진이나 동영상을 볼 때, 그 사진이나 영상을 통해 우리에게 보이는 이미지가 실제 사람이나 풍경이 아니라 이미지임을 바로 알 수 있는 것처럼 우리는 무언가를 상상하고 있다는 사실을 바로 알 수 있다. 밤에 꿈을 꾸는 동안은 이 기능이 일시적으로 중지된다. 더 이상 외부 세계로부터 이미지를 받지 못하면 상상과 지각을 비교할 수 없게 된다. 영화 〈매트릭스〉에서도 마찬가지인데, 뇌는 영화처럼 주입된 한 종류의 이미지만 받아들인다.

꿈과 환영은 무의식적이거나 적어도 통제되지 않는 상상의 작용이다. 잠들지 않을 때, 때때로 우리는 상상이 원하는 대로 내버려두고 싶더라도 그것을 통제할 수 있다. 상상이 우리를 잘못된 길로 인도하고 속이는 것은 물론 가능한 일

"

인간에게 색, 윤곽, 소리, 향기의 도덕적 의미를 가르친 것은 상상력이었다. 상상력은 태초에 비유와 은유를 만들어 냈다. (중략) 상상력은 진리의 여왕이며, 가능성은 진리의 영역 중 하나로서 무한과 긍정적인 관계를 맺고 있다.

"

샤를 보들레르
Charles Baudelaire

이다.

하지만 상상이 우리를 얼마나 속이는지 묻는 대신, 오히려 우리가 깨어 있을 때 상상이 어떻게 작용하는지 살펴볼 필요가 있다. 우리에게 외부의 사물에 대해서 알려 주는 것은 물론 삶의 또 다른 층위인 감정, 열정, 욕망, 그리고 더 일반적으로 사회적 관계에도 작용하기 때문이다. 그렇다면 상상과 현실을 대립시키는 대신, 상상력이 우리가 '현실'이라고 부르는 것의 얼마나 많은 부분의 토대가 되는지 파악하려고 노력해야 하지 않을까?

상상 없는 사랑은 가능한가?

배고플 때 우리는 그 욕구를 충족하기 위해 준비할 식사를 상상하고, 이는 욕망을 키운다. 이처럼 욕망은 상상력을 통해 어떤 것을 욕망할 만한 대상으로 떠올릴 수 있기 때문에 발생하고 성장한다. 하지만 상상력이 욕망을 만들어 내는 것일까, 아니면 그 반대일까? 초콜릿 바를 상상해서 배가 고파진 것일까, 아니면 그 반대일까? 지식과 마찬가지로 모든 욕망은 환상, 즉 상상력이 만들어 낸 이미지에 기반한다고 오랫동안 생각되어 왔다. 그렇다면 우리는 항상 상상의 대상을 욕망한다는 뜻일까?

우리가 빵을 먹고 싶을 때, 우리가 먹고 싶은 것은 빵이지 빵의 이미지가 아니다. 우리가 상상을 통해 욕망하는 대상은 사물 그 자체이다. 그러나 욕망이 실제 대상을 겨냥하고 있다고 해도 욕망의 강도는 종종 우리가 어떻게 상상하느냐에 따라 달라진다. 예를 들어 우리가 오븐에서 막 꺼내서 겉은 바삭하고 속은 부드러운 따뜻한 빵을 상상한다면, 빵을 먹고 싶다는 욕망은 더욱 강해질 것이다. 욕망의 대상은 여전히 실재하지만 상상을 통해 환상화된다.

이 필터는 욕망이 단순한 식욕이나 자연적인 욕구를 넘어 사랑과 같은 보다 복잡하고 사회적으로 형성된 욕망, 또는 불가능한 욕망처럼 욕망하는 대상에 도달하기 어려울 때 더욱 강렬하게 나타난다. 즉, 모든 욕망이나 사랑이 환상에 관한 것은 아니더라도 욕망의 대상은 항상 실제와 반드시 일치하지 않는 방식으로 상상 속에 제시된다.

이것이 바로 프랑스의 소설가 스탕달 Stendhal이 '결정화'라는 현상을 통해 보여 주고자 하는 현상이다. 소금물에 담근 나무 조각이 웅장한 결정으로 뒤덮여 나오는 것에 비유하여, 스탕달은 사랑하는 사람 역시 우리의 욕망의 대상에 대

"
들판은 묘사될 때 더 푸르다.
상상의 공간에서 꽃을 정의하는
문장으로 꽃을 묘사한다면,
꽃은 살아 있는 세포가
담아내지 못하는 영속성을 지닌
색을 갖게 된다.
"

페르난도 페소아
Fernando Pessoa

한 상상이 남긴 반짝이는 결정으로 덮여 있다고 생각했다.

우선, "사랑하는 여성에게 그러한 완벽함이 존재한다고 확신하는 것은 오직 상상을 통해서만 가능하다." 사랑에 빠졌을 때 우리는 아직 상대방이나 상대방의 특징, 사고방식을 제대로 알지 못한다. 우리는 그 사람이 우리에게 보이는 대로, 우리가 원하는 대로, 즉 우리의 상상력이 부여하는 특성으로 그 사람을 뒤덮어 우리의 욕망에 부합하도록 그 사람을 사랑한다. 따라서 사랑은 실제 현실은 물론 그것의 기억과도 다른 어떤 환상에 기대는 것을 통해 가능해진다. "상상력이 그 길에서 기억과 불길한 생각을 포착한다면, 결정화는 즉시 중단된다." 즉 사랑의 감정과 그에 수반되는 욕망은 이 사랑을 더럽힐 수 있는 기억에 맞서 상상력의 끊임없는 작업을 필요로 한다. 첫 번째 실망 이후, 관계가 지속되려면 새로운 결정화가 뒤따라야만 한다.

장 자크 루소Jean-Jacques Rousseau는 《신엘로이즈》에서 사랑뿐만 아니라 행복은 욕망 그 자체, 즉 욕망의 실현이 아니라 욕망을 일으키는 상상력에 있다고 말한다. "상상력은 더 이상 우리가 가진 어떤 것과도 일치하지 않으며, 환상은 향유가 시작되는 곳에서 멈춘다"는 말처럼, 쾌락은 욕망하는 대상에 도달하는 순간 소멸되는 경우가 많기 때문이다. 우리는 때때로 실제 사물보다 상상의 환영을 더 선호한다. 이에 대해 루소는 "공상의 땅은 이 세상에서 유일하게 사람이 살 가치가 있는 곳이며 (중략) 실제로 존재하는 곳이 아니기 때문에 더욱 아름답다"고 말하기도 했다. 상상이 현실보다 우월해 보인다면 이는 상상력이 무한한 가능성을 제공하기 때문이다. 상상력에는 만족감이 없고 제약이 적으며 실망도 적다. 어떤 꿈에서는 깨어나기 싫은 것처럼, 오히려 우리를 실망시키는 것은 현실로 돌아오는 것이다.

우리는 왜 상상의 세계를 창조하는가?

그렇다면 현실과 우리의 욕망이 크게 모순될 때 우리는 어떻게 해야 할까? 정신 분석의 아버지 프로이트Freud는 《창조적인 작가와 몽상》에서 어린 시절부터 좌절된 욕망에서 벗어날 수 있는 방법이 바로 상상력이라고 말한다. 아이들은 자신의 욕망을 충족하는 상상의 세계를 발명할 때 좌절감을 다른 대상으로 돌린다. 즉 현실에서는 체험할 수 없는 경험을 하게 되는 것이다. 아이들이 놀이 속에서 스스로 만들어 내는 평행 세계는 때로는 침묵, 때로는 내면적인 백일몽이나 심지어는 밤에 꾸는 꿈에서 일어나는 일과 닮아 있다.

　나이가 들어 감에 따라 우리는 계속해서 백일몽 같은 삶을 살면서 상상의 세계와 외부 현실을 구분하는 능력을 모두 잃게 될 위험이 있다. 프로이트에 따르면 성인은 이 위험을 창작을 통해 극복하며, 어린 시절에 사용했던 것과 유사한 전략을 지속적으로 사용한다. 성인은 영화를 보거나 책을 읽으면서, 자신이 직접 작품을 만들거나 창작자의 세계에서 차용한 상상의 캐릭터와 상황을 통해 언급할 수 없는

욕망까지도 즐길 수 있다. 다시 말해 ==각자의 환상은 욕망의 실현이자 만족스럽지 못한 현실에 대한 보상책==이다.

이는 일반적으로 작가, 시인, 예술가뿐만 아니라 독자와 시청자에게도 적용된다. "문학 창작자는 우리가 비난이나 부끄러움 없이 우리 자신의 환상을 즐길 수 있게 해 준다." 따라서 우리는 〈스타워즈〉의 영웅 중 한 명과 자신을 동일시할 수 있고, 게임 콘솔 앞에서 축구 선수가 되거나 아르센 뤼팽의 모험을 읽는 신사 도둑이 된 기분을 느낄 수 있다.

물론 프로이트는 최근의 기술을 예상할 수 없었을 것이다. 영화와 일부 게임에서 허구가 점점 더 사실적으로 표현되고, 몰입감이 너무 강해서 가상 현실 또는 '증강 현실'이라고 말할 정도로 가상과 현실의 경계가 모호해지기도 한다. 스티븐 스필버그Steven Spielberg의 영화 〈레디 플레이어 원〉에서 시청자나 플레이어의 상상력은 전적으로 타인이 구축한 가상의 세계에 종속되는데, 루소의 표현을 빌리자면 일부 플레이어는 현실의 왜곡이 아닌 실제 평행 세계에 존재하는 공상의 세계에 살고 있는 것이다. 이러한 가상의 세계는 때때로 너무 일관성 있고 몰입감이 강해서 꿈의 '닫힌 상상'처럼 적어도 한동안 구분하기 어려울 수 있다.

이러한 극단적인 상황까지 가지 않더라도, 픽션의 사례

는 이와 같은 상상력의 본질과 힘에 대한 의문을 제기한다. 영화관에서 울어 본 적이 있는가? 모험 소설을 읽다가 소름이 돋은 적이 있는가? 허구의 존재에 대한 이러한 감정과 정서가 때때로 실제 사람에게 느끼는 감정만큼, 아니 그보다 더 강렬하게 느껴지는 이유는 무엇일까?

우리는 허구의 존재에게
실제 감정을 느낄 수 있는가?

허구의 이야기를 통한 경험에는 역설적인 부분이 있다. 여기서 우리의 경험은 진실돼 보이고 적절하게 반응한다는 점에서 합리적이다. 예를 들어 우리는 스티븐 킹Stephen King의 책을 읽거나 스릴러를 볼 때 등장인물을 진심으로 두려워하며 때로는 몸을 떨거나 비명을 지르기도 하고, 비극적인 죽음에는 슬퍼하고, 희극적인 상황에는 웃고, 무서운 것에는 두려워한다. 이러한 반응들은 매우 현실적이지만, 우리는 등장인물과 그들에게 벌어지는 일들이 실제라고 믿지 않으면서도 이와 같은 감정을 경험한다. 그런데 만약 상황과 등장인물이 실제로 존재하지 않는다고 믿는다면, 이러한 종류의 감정을 진실하게 느끼면서

합리적으로 경험하는 것은 불가능해 보인다. 이 역설은 우리가 영화관에 가거나 책을 읽을 때, 비합리적이거나 작품의 영향이 강하다고 느끼기는 하지만 실제 감정은 진실하지 않다는 딜레마로 요약할 수 있다.

　이런 감정은 실제가 아닐 수도 있다고 생각할 수도 있다. 〈연극의 신화와 현실Mythe et Réalité du théâtre〉에서 사르트르는 이미지가 항상 그것 자체로 드러나듯이, 극장이나 영화에서 경험하는 감정은 항상 가상의 것이라고 말한다. 배우가 가상의 상황을 연기하듯 관객은 자신이 관객이라는 사실을 인지한 채 스펙터클에 의해, 스펙터클을 위해 만들어진 감정을 느끼기 시작한다. 우리가 허구적 서사의 합리성 안에 잠정적으로 위치하는 한 이 감정은 완전히 진실한 것은 아니지만 그렇다고 해서 비합리적인 것은 아니다.

　또한 아리스토텔레스에 따르면 허구의 이야기는 '카타르시스'의 한 형태이며 특별한 상황에 대한 반응을 시험하는 방법, 즉 특정 감정을 정서적으로 정화하는 방법으로도 볼 수 있다. 상상력은 현재를 더 잘 이해하고 적응하도록 도울 뿐만 아니라 미래의 상황을 예측하여 더 효과적으로 대처할 수 있게 해 준다. 프로이트가 말한 것처럼, 이러한 메커니즘은 비합리적이라기보다는 오히려 무의식적인 과정이라고 할

"

상상함으로써 우리는 평범한
일상의 과정에서 벗어난다.
지각과 상상은
존재와 부재만큼이나 정반대의
개념이다. 상상한다는 것은
부재하는 것이며,
새로운 삶으로
나아가는 것이다.

"

가스통 바슐라르
Gaston Bachelard

수 있다. 따라서 가상의 이야기에서 경험하는 감정은 현실에서처럼 강렬하게 경험할 수 있다는 점에서 진정성이 있다고 할 수 있다. 우리는 관객이나 독자로서 우리의 위치를 인식하고 있지만, 진정으로 놀라고 통제할 수 없을 정도로 뛰어오르기도 한다. 그러나 이러한 감정은 일상적인 경험에서와 같은 역할을 하지 않는다.

우리는 왜
공포 영화를 좋아하는가?

《국가》 제10권에서 플라톤은 특정한 감정이 지닌 독특한 성격에 대해 설명한다. 현실에서는 어떠한 즐거움도 느끼지 못했을 슬프고 비극적인 상황이지만, 그 상황을 작품을 통해 읽거나 본다면 거기서 즐거움을 느낄 수 있다는 것이다. 우리는 공포 영화를 보며 두려움을 느끼는 것을 좋아하고 게임에서 괴물이 되는 체험을 즐긴다. 이 역설적인 감정을 어떻게 설명할 수 있을까?

여기서도 공포는 스펙터클의 비현실성에 대한 인식에 의해 어떤 식으로든 제한된다. 하지만 18세기 스코틀랜드 철학자 데이비드 흄David Hume은 〈비극에 관하여〉에서 끔찍한

상황(영웅의 죽음, 치명적인 전투 등)에 대한 매우 사실적인 묘사를 들을 때 쾌감을 느낄 수 있다고 말한다. 이 묘한 쾌감은 실제 내용보다는 작품의 형식이나 문학적, 음악적, 연극적 특성과 같은 작품의 아름다움과 더 관련이 있다. 따라서 현실과 다른 것은 독자, 관중 또는 플레이어의 상황뿐만 아니라 픽션이 제공하는 서사가 우리의 평범한 삶보다 미학적으로 더 뛰어나기 때문이다.

그렇다면 왜 우리는 때때로 공포 영화에 매료되어 미학적으로 형편없는 영화임에도 불구하고 끝까지 보게 될까? 프로이트는 영화의 특성이 무엇이든 영화 속 괴물과 좀비들이 우리의 위장되고 억압된 욕망을 충족하기 위해 악몽 속 존재들처럼 행동한다고 말한다. 프로이트에게 있어서 억압된 욕망은 성적 욕망이지만 권력, 복수 등에 대한 욕망도 그에 해당될 수 있다. 따라서 이 쾌락의 근원은 무의식에 있기 때문에 설명하기가 어렵고, 이러한 두려움과 쾌락의 감정은 모순적으로 존재하게 된다.

미국의 예술철학자 노엘 캐롤Noel Carroll에게 있어서, 이 역설적인 즐거움은 이야기가 어떻게 끝날지 알고 싶어 하는 인간의 호기심에서 비롯된다. 여기서도 이 이미지는 여전히 끔찍하지만 그 역할은 제한적일 수밖에 없다. 우리에게 즐

거움을 주는 것은 표현력이나 이야기의 특성을 뛰어넘는 서스펜스이다. 물론 반드시 가상의 이야기에 대한 다양한 관점들이 양립할 수 없는 것은 아니다. 서로 다른 이론들 사이의 공통점은 있다. 그것은 바로 우리가 의식적이든 무의식적이든 우리의 정체성에 대해 생각하는 데 도움이 되는 허구와 실제 삶을 끊임없이 비교하면서 우리 삶에 대한 이야기를 중요하게 여긴다는 점이다.

따라서 상상과 현실을 구분하기는 어렵고, 일상적인 경험 속에서 이 둘은 서로 섞여 있다. 현실과 체계적으로 분리하지 않는다면 상상은 때때로 우리가 현실로 받아들이는 것의 큰 부분을 차지한다.

상상력은 우리의
사회적, 정치적 삶을 구성하는가?

파스칼에 따르면 상상력은 우리 삶 전체를 지배하기 때문에, 그 영향에서 벗어나려는 것은 망상이자 헛된 일이다. "(상상력은) 모든 것을 처분하고 아름다움, 정의, 행복, 즉 세상의 모든 것을 만들어 낸다." 다시 말해 '사물의 가치'를 매기는 것은 바로 상상력이다.

예를 들어 바지 한 벌을 생각해 보면 실과 천으로 만들어진 실물(實物)이지만, 우리는 이 소재를 바탕으로 많은 것을 상상하기 때문에 때로는 한 벌에 거금을 지불하기도 한다. 또한 어떤 사람들은 옷을 비롯해 패션과 관련된 이미지에서 자신의 정체성을 분리하지 못한다.

다시 말해 사물과 우리의 관계는 직접적인 것이 아니라 이미지, 즉 상상력에 기반한다. 우리의 취향, 습관, 더 일반적으로는 우리의 가치관이 항상 사물 자체에 기반하는 것은 아니다. 그것들은 우리가 아름답고, 선하고, 진실하다고 상상하는 것들에 달려 있다.

파스칼은 특정 상징(의복)과 환경(사법적인 배경)으로 인해 존경받았던 당시의 치안 판사를 예로 들었다. 여기서 사람들은 치안 판사의 권위를 상상하는 데 만족하지 않고 '그들 자신이 상상하는 정의에 순종'한다. 이때 정의와 그들의 권력이 상상이나 환상이라는 말은 아니다. 판사는 유죄 판결을 내리면 우리를 감옥에 가둘 수 있는 권력을 가졌기 때문이다. 그러나 우리가 그 권력에 복종하는 데 동의하기 때문에 그 권력의 존재와 힘을 상상한다.

우리의 정치적 선택을 뒷받침하는 합리적인 논거들은 우리가 선택한 인물과 그들의 사회 비전에 수반되는 상상력의 힘을 결코 갖지 못할 것이다. 사랑에서와 마찬가지로 정치에서도 우리는 끊임없이 모든 종류의 '결정화'를 행한다. 즉, 우리는 상상적인 속성들이나 공동의 합의 없이는 존재하지 않을 것들로 사람과 때로는 정부 기관 등을 장식한다.

오늘날은 그 어느 때보다 상상의 힘에서 벗어나기가 매우 어렵다. 현대 사회는 우리를 둘러싸고 있는 수많은 스크린을 통해 주입되는 이미지에 의해 점점 더 구조화되고 있

"

상상력은
현실과의 전쟁에서
우리가 가진
유일한 무기이다.

"

루이스 캐럴
Lewis Carrol

는 것 같다. 예를 들어, 우리는 SNS를 통해 다른 사람들과 공유하고 싶은 삶의 측면만을 선택하여 자신의 이미지를 만들어 간다. 그리고 SNS를 통해 우리의 욕망, 취향, 가치관은 점점 더 많은 가상의 이미지에 의해 매개된다. 이는 우리를 단순한 소비자로 만든다.

프랑스 철학자 기 드보르 Guy Debord에 따르면, 우리는 파스칼이 '상상력의 끈'이라고 불렀던 것에 의해 사회적 유대가 결정되고 유지되는 '스펙터클의 사회'에 살고 있다. 욕망하고 사랑하고 감정을 느끼기 위해 상상이 필요하다면, 좋든 나쁘든 오늘날처럼 우리 삶에 대해 이렇게 많은 환상을 가져 본 적이 없을 것이다.

디스토피아와 유토피아, 상상력을 변화시켜라

상상력의 힘은 종종 이성보다 더 강력하지 않은가? 이는 전적으로 우리가 어떻게 사용하느냐에 달려 있다. 상상력의 힘은 우리가 어떤 것을 경험하게 하고, 특정 상황에 직면할 수 있는 힘을 길러 주기 때문이다.

따라서 상상력의 역할은 단순히 우리를 즐겁게 하거나,

현실에서 벗어나게 하거나, 대리로 욕구를 충족시키거나, 감정을 경험하게 하는 것만이 아니다. 파스칼이 말한 것처럼 상상력을 통해 특정 사회 질서를 유지할 수 있다면 우리는 공유된 상상력으로 묶여 있기 때문에 그 질서를 변화시킬 수 있는 힘, 즉 사회를 변화시킬 수 있는 힘도 가지고 있다.

물론 상상하는 것만으로 정치 체제에 대항할 수는 없다. 특히 폭정이나 독재라면 더더욱 그렇다. 하지만 우리 자신의 힘을 스스로 인식한다면, 그것은 때때로 광고주의 힘이나 더 억압적인 정치권력과 같은 권위에 맹목적으로 복종하는 습관에 대항하는 데 도움이 될 수 있다.

16세기 프랑스 철학자 에티엔느 드 라 보에티^{Étienne de La Boétie}는《자발적 복종》에서 독재자들은 국민을 노예로 만들기 위해 다양한 계략을 사용하며, 오락을 제공하거나 특정 공포를 조장함으로써 사람들의 상상력을 쓸데없는 일이나 반대로 매우 심각한 일로 돌린다고 설명한다.

그러나 이 모든 것은 또한 '더 이상 봉사하지 않기로 결심하면 자유로워질 것'이라는 그들의 동의를 기반으로 한다. 라 보에티에 따르면 우리는 권력이 권력이기 때문에 복종하는 습관, 즉 우리 관습의 토대가 되는 '상상력의 속박'에서 벗어나야 한다.

직속 상사를 나와 마찬가지로 약점을 가진 평범한 사람이라고 상상해 보면 어떻게 될까? 독재자가 거의 무한한 권력을 가지고 있다고 상상하는 것을 멈추면 어떻게 될까? 권력자가 권력이 없다고 상상한다고 해서 마술처럼 권력이 사라지는 것은 아니지만, 이러한 상상력이 없다면 특정 정치 권력의 부조리와 자의성에 대한 비판이나 자각은 시작조차 할 수 없을 것이다.

영화감독 프랑수아 트뤼포^{Francois Truffaut}가 각색한 레이 브래드버리^{Ray Bradbur}의 SF소설 〈화씨 451〉에서는 권위주의 정권이 모든 책을 불태우고 집과 도시 곳곳에 설치된 스크린을 통해 시민들에게 선전을 주입한다. 인구를 노예화하기 위해 문학의 자원을 박탈하여 지배 권력의 상상력만 사용할 수 있도록 한다. 반면에 플라톤과 영국의 철학자이자 인본주의자인 토마스 모어^{Thomas More} 이래로 유토피아는 더 나은 사회를 상상할 수 있게 해 주었다. 이러한 권위주의 사회나 완전히 붕괴된 사회를 보여 주는 디스토피아 문학, 연극 또는 영화적 허구는 매우 추상적인 정치사상을 예시를 통해 보여 줌으로써 그 사상이 어떻게 구현될 수 있는지 상상하는 데 도움을 준다. 이것이 바로 디스토피아 문학, 연극 또는 영화적인 허구의 기능이다.

그러므로 우리는 자유롭게 상상하고 꿈꿀 수 있는 권리를 가진다. 상상력은 감정과 느낌을 경험하기 위한 필수 요소이며, 더 나은 삶을 살기 위한 의무이기도 하다. 상상력은 우리를 이끌어 다가올 세상을 발명할 수도 있게 만들기 때문이다. 상상력은 우리를 순종하게 만들지만, 한편으로는 불순종하게 만들기도 한다. 그러니 다음에 누군가 "무슨 상상을 하고 있니?"라고 묻는다면, 보리스 비앙Boris Vian의 다음과 같은 말로 답하면 된다. "상상력이 없는 사람은 균형 잡힌 삶을 살아가기 위해 타인이 필요하다."

지은이 **오렐리앙 로베르** Aurélien Robert

중세와 르네상스 철학을 전문으로 하는 철학자이다. 프랑스 국립과학연구원(CNRS) 산하 파리시테대학교의 SPHERE 연구소에서 연구이사로 재직 중이며, 프랑스 파리1대학(팡테옹 소르본)에서 강의하고 있다. 철학사의 여러 연구서를 저술하여 특히 《지옥의 에피쿠로스: 중세의 이단, 무신론, 쾌락주의》의 저자로 잘 알려져 있다.

그린이 **티보 라사** Thibaut Rassat

프랑스 마르세유 국립건축고등학교(ENSA)를 졸업했으며, 건축가이자 삽화가로 활동 중이다. 언론, 출판, 섬유 디자인 등 다양한 분야에서 작업하며 주로 건축과 도시를 주제로 한 그림을 그리고 있다. 국내출간작으로는 《발명, 세상을 바꾼 기발한 생각들》이 있다.

옮긴이 **이현**

건국대학교에서 철학을 전공하고 동 대학원에서 철학 석사 학위를 받았으며, 현재 프랑스 서부 카톨릭대학교(Universite catholique de l'ouest) 정신 분석 박사 과정을 수료 중이다.

감수 **김석**

프랑스 스트라스부르대학을 거쳐 파리8대학 철학과에서 '라캉의 욕망하는 주체'를 주제로 철학 박사 학위를 받았다. 귀국 후 철학아카데미, 고려대학교, 서울시립대학교 등에서 강의하다 2009년~2017년 건국대학교 자율 전공학부 교수를 맡았다. 2018년부터는 건국대학교 철학과 교수로 재직 중이다. 정신 분석 개념과 무의식 이론을 적용해 한국 사회의 여러 현상을 심층적으로 분석하면서 욕망의 윤리와 공동체 모델을 철학적으로 제시하는 연구에 집중하고 있다.